Les phobies

© Shutterstock

Un mal universel

Un grand nombre de personnes, dans le monde, sont atteintes par un mal qui contamine leur existence et celle de leur entourage : la phobie. Cette pathologie est une peur intense, invalidante et irraisonnée, qui peut surgir durant l'enfance (face à un animal, à une injection, à l'orage, au noir) ou à l'âge adulte, à la suite d'un événement traumatisant, d'un choc émotionnel, d'une situation angoissante. Lorsqu'elle s'installe, le phobique ose moins se confronter aux situations problématiques (foule, panique extérieure) et s'installe dans le cercle vicieux de l'évitement : isolé, reclus, asocial, etc. Aux États-Unis, on avance le chiffre de treize millions d'Américains consultant pour des problèmes de panique et de phobie. Plusieurs méthodes thérapeutiques existent pour « supprimer » la phobie, renforcées par un arsenal chimique pour « tranquilliser » les angoisses, les peurs, les paniques et les états tétaniques qu'elle engendre. Les observations ont listé plus de six mille phobies, des plus simples aux plus répandues, en passant par les plus rares et les plus bizarres.

➡ **Sophrologie :** technique qui consiste à recréer, d'une manière spontanée et adroite, l'état sophroliminal (état entre la veille et le sommeil) et d'y demeurer durant toute la durée de la sophronisation. Le sophrologue utilise des guidances suggestives qui permettent au patient de faire un travail en douceur sur telle ou telle situation problématique. Des exercices dynamiques (apprentissage de la respiration, défoulement du stress et des tensions, contrôle des émotions, etc.) et de visualisation (recherche de la cause de la phobie, conditionnement d'images positives, harmonisation du corps et de l'esprit) renforcent ces pratiques pour une meilleure sophronisation.

➡ **Psychanalyse :** technique basée sur la parole, que le patient utilise comme il le souhaite en se plaçant face à lui-même, face à son propre inconscient. Il faut du courage, du temps (plusieurs mois, voire plusieurs années) et de l'argent (séances non remboursées).

➡ **Thérapies comportementales et cognitives :** désapprendre un comportement (ou des pensées pathologiques) pour inculquer au patient d'autres schémas. Les TCC exposent, progressivement, le patient à la situation anxiogène par la respiration, l'imagination et la mise en situation réelle. Ainsi, le patient développera de nouveaux mécanismes de défense qui lui permettront de mieux intégrer le processus de la phobie qui s'est mis en place.

➡ **Psychogénéalogie :** en réalisant son arbre généalogique, le patient situe, de mémoire, la place qu'il attribue aux différents membres de sa famille. Le but est de trouver les difficultés relationnelles qui se dévoilent. Il est ensuite invité, sous la forme d'un psychodrame, à jouer le rôle de tel ou tel membre de sa famille.

Attention : une peur n'est pas une phobie !

La peur est un état affectif, plus ou moins durable, et peut commencer par un choc émotif. Elle se manifeste par de la pâleur, des tremblements, une paralysie, voire une activité désordonnée. Cependant, elle demeure une émotion normale de l'organisme, au même titre que la joie ou la tristesse. Son rôle est de nous protéger en installant notre corps en alerte, lors de la réception d'un stimulus extérieur tel un bruit, une image, etc. À la différence de la phobie, la sensation de peur s'estompe aussi rapidement qu'elle est apparue : de quelques secondes à plusieurs minutes.

Exemples : peur de l'inconnu, peur d'avoir faim/soif, peur de perdre ses proches ou ses amis, de la maladie, de la vieillesse, de la souffrance, de la mort…

PRINCIPALES PHOBIES

Ablutophobie : se baigner
Acousticophobie : bruit
Agliophobie/algophobie : douleur
Agrizophobie : animaux sauvages
Ailurophobie/galéphobie : chats
Altophobie : altitude
Amaxophobie : conduire ou prendre la voiture
Androphobie : hommes
Anthlophobie : inondations
Anthropophobie : société humaine
Apiphobie : abeilles
Apopathodiaphulatophobie : constipation
Ascensumophobie : ascenseurs
Astrapéphobie : éclairs
Atychiphobie : échec
Aupniaphobie : insomnie
Autophobie : soi-même, la solitude
Bacillophobie/microbiophobie : microbes
Bathophobie : profondeurs
Blemmophobie : le regard des autres
Brontophobie : tonnerre
Cheimophobie : tempêtes, orages
Coïmétrophobie : cimetières

Noter la conduite d'évitement, un comportement qui consiste à éviter l'objet phobogène :

- réaction de refus (d'aller dans un lieu) ;
- réaction de fuite (de voir un animal phobogène) ;
- rejet de pensées phobogènes ;
- tendance au mensonge par protection (autodissimulation).

Approches psy

Les **psychiatres** définissent les phobies par des peurs excessives, véritables maladies de la peur. Lorsqu'elles apparaissent dans l'existence d'un individu, elles ont tendance à devenir chroniques, voire à s'aggraver et à s'étendre. Les médecins soulignent le fait que les malades souffrent d'une mauvaise estime de soi, d'un manque de confiance, les poussant à se refermer sur eux.

Ils prescrivent des bêtabloquants (hypotenseurs) ou des antidépresseurs, conseillent une thérapie, notamment du type « comportementale ».

Ils distinguent trois types de phobies :

– **les phobies spécifiques** : peurs irraisonnées d'une chose, d'une situation précise (animaux, vide, etc). Le phobique souffre lorsque ses attaques de panique sont provoquées par un stimulus ; il adopte le comportement d'évitement. Phobies les plus courantes : le sang, la hauteur, les microbes, les araignées, l'avion, l'ascenseur ;

– **l'agoraphobie** : peur intense de la foule ou d'un lieu duquel il est difficile de s'échapper (grotte, ascenseur, file d'attente, pont, transport en commun, rassemblement) ; la plus invalidante des phobies restreint les déplacements de l'agoraphobe. Très souvent, un trouble panique l'accompagne ;

– **les phobies sociales** : craintes irrationnelles de l'autre (entamer une conversation, intégrer des petits groupes, parler au téléphone, participer à une activité avec un auditoire, etc).

Les **psychologues** considèrent la phobie comme un comportement appris et renforcé au cours de la vie du patient. Selon eux, deux manières d'aborder cette pathologie :

– **l'approche psychodynamique** : confronté à des situations angoissantes, l'esprit humain est capable de trouver des solutions originales ;

– **l'approche cognitivo-comportementale** : désapprentissage de la phobie par la désensibilisation.

Les **psychanalystes** pensent que la phobie est une angoisse destinée à protéger une autre angoisse, inconnue et plus intolérable si l'angoisse primitive et manifeste ne lui faisait pas écran. Ainsi, toutes les phobies sont la manifestation d'un déficit d'amour et de confiance en soi.

Peut-on s'en détacher ?

Oui, il est possible de s'en détacher, de s'en séparer. Les maîtres mots sont : **TEMPS** et **CONFIANCE** !

Dans un premier temps, outre le fait de subir une phobie, il faut le désir intense de la dégager de notre vie. Une fois que cette demande est établie, conscientisée, le second temps consiste à trouver une thérapie (aides thérapeutiques) qui permettra de s'y confronter et de travailler sur cette problématique et/ou sur ces situations qui handicapent le quotidien.

Aides thérapeutiques

Des médecines alternatives, dites « douces », peuvent s'associer ou compléter la médecine classique. Elles apportent, entre autres, une harmonie, un équilibre, une relaxation, une sérénité.

➡ **PNL :** la programmation neurolinguistique est un ensemble d'outils permettant d'apprendre, de changer, de mieux communiquer. Il existe la technique de la « double association » en ancrant un état de confort face au sentiment désagréable.

➡ **Hypnose :** état de conscience modifiée accédant au subconscient, déclenché par divers stimuli (la voie du praticien, une lumière, une ambiance, etc). Une fois cet état altéré atteint, le praticien focalise l'attention du patient sur des suggestions hypnotiques.

À TRAVERS LES ÉPOQUES

Les phobies proviennent, très certainement, des superstitions (*superstitio :* croyance), qui datent de plusieurs millénaires. Certaines d'entre elles remontent, notamment, à l'Antiquité, en rapport avec les mythes grecs (Phobos : dieu grec incarnant la peur panique).

Masque de Phobos, IVe siècle après J.-C. par Helicarnassus

La mythologie était une crainte morbide des contes et des légendes :

– la phobie du chiffre 13 (triskaïdékaphobie), symbolisant la mort du corps ou de la matière. Les divinités de l'Olympe étaient au nombre de douze ;

– la phobie d'être enterré vivant (taphophobie).

Au Moyen Âge, la phobie du loup était irraisonnée, elle était associée au diable qui représentait le mal :

– le loup mangeur d'enfants, de femmes et de grands-mères : *Le Petit Chaperon rouge* en est un exemple fameux ;

– le monstre mi-loup, mi-homme : la bête du Gévaudan, qui sévissait dans le centre de la France.

La phobie, en tant que psychopathologie, fut distinguée tardivement. À la fin du XIXe siècle, Carl Westphal (1833-1890), un psychiatre et neurologue prussien, en faisait un état des plus complets et inventait le mot « agoraphobie ».

« Redécouverte » par **Freud** (1856-1939), par le biais de la psychanalyse, au début du XXe siècle, ce neurologue autrichien démontrait l'existence omniprésente des peurs, des angoisses et des symptômes phobiques. Cependant, il éprouvait beaucoup de difficultés à définir la phobie.

Après Freud :

– Mélanie Klein (1882-1960), psychanalyste austro-britannique, fondait véritablement la psychanalyse de l'enfant par la technique du jeu, un moyen de communication avec l'enfant ;

– Jacques Lacan (1901-1981), psychiatre et psychanalyste français, proche de Freud, a enrichi, entre autres, la psychanalyse et son usage ; il supprimait la routine et la monotonie des séances, dans le but de créer, dans le mental du patient, un inconfort qui révèle quelque chose dans l'inconscient. Il démontrait que la phobie pouvait apparaître lorsqu'une fragilité psychique se présentait.

LA PHOBIE : MODE D'EMPLOI

Définition

La phobie, une peur intense avec idée de fuite et de désordre, demeure une pathologie puisant son origine dans une série complexe de rapports et de situations, conduisant à des sentiments tels que l'hostilité, l'agressivité, la culpabilité, la paranoïa, le déni, etc.

Comment s'installe une phobie ?

Certains de ces sentiments, souvent enfouis et latents durant l'enfance, ressurgissent plus tard sous la forme d'une phobie. Le plus souvent, elle apparaît à la suite d'un événement traumatisant. L'enfant qui a été mordu par un chien peut développer une phobie de l'animal, durant cette période ou pendant l'adolescence, et au-delà, à l'âge adulte. Il est possible que la phobie surgisse à la suite d'un choc émotionnel, par exemple la peur intense de monter dans un ascenseur.

Symptômes récurrents

Repérer une phobie :

- sueurs froides, frissons, bouffées de chaleur, transpiration excessive ;
- tremblements ;
- sensation d'étouffer, difficulté à respirer ;
- malaises, vertiges ;
- nausées ou douleurs abdominales ;
- accélération du rythme cardiaque ;
- crises d'angoisses (vertiges, nausées, essoufflement, douleurs thoraciques – palpitations, tachycardie –, maux de tête, etc.).

LES PHOBIES INFANTILES

Distinguer une phobie d'une peur

Si l'enfant est phobique, la peur de l'élément phobogène sera intense, semblable et durable (au moins six mois). Il déploie des pensées irrationnelles : l'araignée va le dévorer, il va se vider de son sang ou il ne veut pas éteindre la lumière la nuit. Il se cache, fuit, détale, monte sur un objet, etc. Les symptômes sont identiques à ceux des adultes.

Dans le cas d'une peur, le problème s'atténue avec l'âge et le temps ; elle ne procure pas les mêmes symptômes que la phobie invalidante.

Une multitude de phobies ressurgissent durant la vie adulte : chiens/animaux, araignées, tonnerre, éclairs, sang, eau, altitude, avion, obscurité/noir, etc.

En relation avec le contexte familial, l'éducation et l'expérience de vie propre à chacun, des problématiques comme les phobies non réglées pendant l'enfance réapparaissent. De même qu'un père ou une mère phobiques ont pu transmettre une phobie, inconsciemment, à leur enfant.

Comment s'y prendre ?

Il faut repérer la phobie, lui donner un nom et avoir recours à une thérapie : les TCC, l'hypnose, l'EMDR (stimulations par les yeux).

La phobie scolaire est une terreur irrationnelle qui empêche un enfant (ou un adolescent) d'aller à l'école. Maux de ventre, nausées, maux de tête, sueurs, cris, pleurs sont des symptômes à considérer en établissant un diagnostic chez un professionnel de santé.

SOS PHOBIES !

Une personne de votre entourage, que vous connaissez pour sa (ses) phobie(s), symptomatise brusquement face à l'élément phobogène.

Que faire ?

1. Ne paniquez pas vous-même : restez le plus calme possible dans votre attitude, votre voix (tonalité ferme, mais rassurante, et rythme uniforme et mesuré), votre regard (direct et droit) et vos gestes (qui invitent à l'apaisement et au réconfort). Tentez d'instaurer un dialogue par les sens en priorisant le regard, la voix, le toucher.

2. Éloignez la personne de la situation anxiogène (ascenseur, vertige, foule, etc.), de l'objet phobogène (animal, lieu, individu), du regard des autres (lieu neutre, chambre, salle de bains).

3. Encouragez-la à s'asseoir et continuez à lui parler, sans cesse ! Tentez de distraire sa pensée avec un objet attractif : ses enfants, son conjoint, son animal de compagnie, sa passion, etc.

4. Demandez-lui de se concentrer sur sa respiration et accompagnez-la : une inspiration longue par le nez, une expiration longue par la bouche. Poursuivez l'exercice plusieurs fois. Vous pouvez l'aider en levant ses bras sur l'inspir et en les baissant sur l'expir.

5. Si vous êtes dans la salle de bains, tout en poursuivant les respirations profondes, faites couler un filet d'eau dans la baignoire ou le lavabo et expliquez-lui ce que vous faites. Rafraîchissez sa figure (joues, front, poignets) si nécessaire et invitez-la à toucher l'eau et à se rafraîchir.

6. Lorsque la pression semble retomber, proposez-lui de vous parler de quelque chose qu'elle affectionne.

7. Si la panique (ou la situation phobique) ne fléchit pas d'intensité ou que les choses s'aggravent, appelez le SAMU (le 15 ou le 112) et installez la personne le mieux possible (couchée en position latérale de sécurité, sur le côté, jambes repliées) jusqu'à l'arrivée des secours, tout en lui parlant lentement et paisiblement.

LA PLUS LONGUE PHOBIE

Hippopotomonstrosesquippédialophobie ! Trente-six lettres utilisées pour décrire la phobie des mots (trop) longs.

Connaissez-vous le mot le plus long de la langue française ? Anticonstitutionnellement ? Ce mot de vingt-cinq lettres et dix syllabes a été détrôné, en 2017, par son nouvel aîné de deux lettres supplémentaires : intergouvernementalisations, détrôné lui-même par l'hippopotomonstrosesquippédialphobie ! Cependant, il n'est pas le plus long du monde. La palme revient à un mot sanskrit long de 195 caractères (428 après translittération romane).

PHOBIES INSOLITES

Alopophobie : chauves
Anatidaephobie : phobie fictionnelle qu'un canard est en train de vous regarder
Bédéphobie : bandes dessinées
Carpophobie : phobie des fruits
Ergophobie : travail
Géniophobie : bavardage
Leucosélophobie : phobie de la page blanche
Pédiophobie : poupées
Penthéraphobie : belles-mères
Phobophobie : phobie d'avoir peur
Votaphobie : phobie des factures

Testez-vous !

Êtes-vous agoraphobe ?	Oui, seul(e)	Oui avec médication	Accompagné(e)	Accompagné(e) avec médication	Non
Capable de rester chez vous					
Sortir dans la rue					
Sortir au magasin du coin					
En voiture près de chez vous					
Un repas au restaurant					
Dans une file à l'épicerie/la banque					
Prendre l'ascenseur					
Se déplacer en autobus					
Sortir à plus de dix kilomètres du domicile					
Aller au salon de coiffure/ chez le dentiste					
Aller au ciné/voir un spectacle					
Faire des courses dans un centre commercial					
Lieux publics : bowling, discothèque, cinéma, etc.					
Voyager dans une autre ville					
Voyager en avion					
	0 point	1 point	2 points	3 points	4 points
Total des points					

➡ **Entre 0 et 2 points :** vous n'avez aucune difficulté de type agoraphobique. Bravo ! Continuez ainsi !

➡ **Entre 3 et 5 points :** l'agoraphobie n'est pas un problème important, mais attention ! Elle pourrait le devenir !

➡ **Entre 6 et 15 points :** vous éprouvez des difficultés de type agoraphobique et d'anxiété, mais vous conservez un certain contrôle. Vous devriez consulter un spécialiste qui pourrait vous aider…

Coulrophobie : clowns
Cremnophobie : précipices
Cynophobie : chiens
Cystophobie : uriner
Démophobie/ochlophobie : foule
Dentophobie : dentiste
Didaskaleinophobie : aller à l'école
Dromophobie : traverser la rue
Dyslexophobie : mal s'exprimer
Ectophobie/phasmophobie : fantômes
Émétophobie : vomir
Entomophobie : insectes
Équinophobie/hippophobie : chevaux
Éreutophobie/érythrophobie : rougir
Félinophobie : félins
Géphyrophobie : traverser un pont
Glossophobie : parler en public
Gynécophobie/gynophobie : femmes
Haptophobie : être touché
Hématophobie : sang
Herpétophobie : reptiles
Hexakosioihexekontahexaphobie : le nombre 666
Homophobie : hostilités envers les homosexuels
Hylophobie : forêts
Iatrophobie : médecins
Katagélophobie : ridicule
Korriganophobie : lutins
Lépidophobie : papillons
Lesbophobie : hostilités envers les lesbiennes
Lycanophobie : loups
Mysophobie : saleté
Nanophobie : nains
Nosocoméphobie : hôpitaux, soins médicaux
Nosophobie/pathophobie : maladies
Nyctophobie : nuit
Ornithophobie : oiseaux
Ovophobie : œufs
Pachidermophobie : éléphants
Paraskevidékatriaphobie : vendredi 13
Pharmacophobie : médicaments
Photophobie : lumière
Satanophobie : Satan, démon
Sociophobie : les autres, la société
Squalophobie : requins
Thalassophobie : mer
Thanatophobie : mort
Trichophobie : poils
Vaccinophobie : vaccins
Vermiphobie : vers
Virophobie : virus

TOP DES PHOBIES

Achluophobie/kénophobie : obscurité
Acrophobie : hauteur, vertige
Agoraphobie : espaces ouverts/publics
Aquaphobie/hydrophobie : eau
Arachnophobie : araignées
Aviophobie : avion
Bélénophobie : aiguilles, épingles
Claustrophobie : espaces/lieux clos
Musophobie : souris
Ophiophobie : serpents
Zoophobie : animaux

DES PHOBIES CÉLÈBRES

Phobie : ailurophobes

Jules César

- **Jules César** (100-44 av. J.-C.)
- **Charles IX** (1550-1574)

Napoléon

- **Napoléon** (1769-1821)

Phobie : agoraphobes

- **André Le Nôtre** (1613-1700)
- **Charles Darwin** (1809-1882)

LES PHOBIES AU CINÉMA

Sueurs froides (1958),
d'Alfred Hitchcock – États-Unis
Phobie : acrophobie

Scottie est sujet au vertige, ce qui lui porte préjudice dans son métier de policier. Rendu responsable de la mort d'un de ses collègues, il décide de quitter la police. Une ancienne relation le contacte afin qu'il suive sa femme, possédée, selon lui, par l'esprit de son aïeule. Il s'éprend de la jeune femme et se trouve ballotté par des événements qu'il ne peut contrôler.

Les Oiseaux (1963),
d'Alfred Hitchcock – États-Unis
Phobie : ornithophobie

San Francisco, 1962. Melanie Daniels, une belle et riche jeune femme, rencontre chez un marchand d'oiseaux un brillant et séduisant avocat qui recherche des inséparables. Par jeu, Mélanie achète les oiseaux et les apporte à Bodega Bay. Dès son arrivée, elle est blessée au front par une mouette. Bientôt, d'étranges phénomènes liés au comportement des oiseaux annoncent un drame imminent…

Les Dents de la mer (1975),
de Steven Spielberg – États-Unis
Phobie : squalophobie

Sur la côte ouest des États-Unis, près de la station balnéaire d'Amity, le corps déchiqueté d'une nageuse est retrouvé sur une plage. Le rapport d'autopsie révèle que la victime a été tuée par un requin. Martin Brody, le chef de la police, fait aussitôt interdire l'accès au littoral. Mais il se heurte très vite au maire, Larry Vaughn, soucieux des intérêts d'Amity, qui vit essentiellement du tourisme. Brody décide de traquer l'animal et fait appel à des spécialistes.

Les Aventuriers de l'arche perdue (1981),
de Steven Spielberg – États-Unis
Phobie : ophiophobie

1936. Indiana Jones est mandaté par les services secrets pour retrouve[illegible] de son ancienne co[illegible]

Arachnophobie [illegible]
de Franck Marshall – États-Unis.
Phobie : arachnophobie (araignées)

Au cours d'une expédition en Amazonie, un photographe est piqué à mort par une monstrueuse araignée. Rapatriée en Californie, elle sera à l'origine de plusieurs morts.

Ma vie en l'air (2005),
de Rémi Bezançon – France
Phobie : aviophobie

Instructeur dans une compagnie aérienne, Yann Kerbec évalue la capacité des pilotes sur des simulateurs de vol. Mais il a un problème : la phobie de l'avion, une peur panique liée à sa naissance…

Le Discours d'un roi (2010),
de Tom Hooper – Royaume-Uni, États-Unis
Phobie : glossophobie

Les années 1930, au Royaume-Uni. Le prince Albert vit un grave problème de bégaiement. L'abdication de son frère aîné l'oblige à monter sur le trône.

Ça (2017),
d'Andy Muschietti – États-Unis
Phobie : coulrophobie

Plusieurs disparitions d'enfants sont signalées dans la petite ville de Derry, dans le Maine. Au même moment, une bande d'adolescents doit affronter un clown maléfique et tueur, du nom de Grippe-Sou, qui sévit depuis des siècles. Ils vont connaître leur plus grande terreur…

Attention !

Il existe différents types de phobies. Le diagnostic doit être fait par un psychiatre. Seul le médecin peut prescrire les médicaments appropriés.

ISBN 978-2-38148-137-1

9 782381 481371

Texte : Jean-Marc Harel-Ramond – Photographies : Shutterstock - Bridgeman Images - Adobe Stock
Dépôt légal : 2e trimestre 2024
PRINTED IN FRANCE
IMPRIM'VERT